Despegar hacia el campamento espacial

Hillary Wolfe

Asesor

Timothy Rasinski, Ph.D.
Kent State University

Créditos

Dona Herweck Rice, *Gerente de redacción*

Robin Erickson, *Directora de diseño y producción*

Lee Aucoin, *Directora creativa*

Conni Medina, M.A.Ed., *Directora editorial*

Stephanie Reid, *Editora de fotos*

Rachelle Cracchiolo, M.S.Ed., *Editora comercial*

Créditos de las imágenes

Cover NASA; p.3 pandapaw/Shutterstock; p.4 left to right: Lee Prince/Shutterstock; mammamaart/iStockphoto; p.5 top left to right: resnak/Shutterstock; pdsphil/Flickr; p.5 bottom left to right: SeanPavonePhoto/Shutterstock; Toria/Shutterstock; p.6 top to bottom: optimarc/Shutterstock; monticello/Shutterstock; Dan Ionut Popescu/Shutterstock; creativedoxfoto/Shutterstock; MisterElements/Shutterstock; p.7 top to bottom: NASA; p.8 ParryPix/Shutterstock; p.9 cmcgough/Flickr; p.10 NASA; p.11 top to bottom: Edwin Verin/Shutterstock; Awe Inspiring Images/Shuttertock; p.12 top to bottom: NASA/JSC James Blair; VisionsofAmerica.com/Joe Sohm/Newscom; p.13 AFP/Getty Images/Newscom; p.14 NASA; p.15 top to bottom: Michael Doolittle/Alamy; NASA; p.16 top to bottom: NASA; p.16 prnUPI Photo Service/Newscom; p.17 NASA Marshall Space Flight Center (NASA-MSFC); p.18 top to bottom: Lee Klopfer/DanitaDelimont/Newscom; JSC/NASA; p.19 Ames Research Center (ARC)/NASA; p.20 top to bottom: Jaimie D. Travis/Shutterstock; Baevskiy Dmitry/Shutterstock; p.21 Neutral Buoyance Simulator (NBS); p.22 JSC/NASA; p.23 top to bottom: EPA/Newscom; NASA/Jim Grossmann; p.24 EPA/Newscom; p.25 NASA; p.26 dpa/picture-alliance/Newscom; p.27 top to bottom: John Ira Petty/NASA; NASA; pandapaw/Shutterstock; p.28 top to bottom: Andreas Meyer/Shutterstock; Caters News Agency/Newscom; p.29 top to bottom: Washington Post/Getty Images; NASA; p.32 NASA/CXC/MIT/S. Rappaport et al., Optical: NASA/STScI; background: Edwin Verin/Shutterstock; back cover: monticello/Shutterstock

Basado en los escritos de *TIME For Kids*.

TIME For Kids y el logotipo de *TIME For Kids* son marcas registradas de TIME Inc. Usado bajo licencia.

Teacher Created Materials

5301 Oceanus Drive
Huntington Beach, CA 92649-1030
http://www.tcmpub.com

ISBN 978-1-4333-4482-4

© 2012 Teacher Created Materials, Inc.
Printed in Malaysia.
Thumbprints.42806

Tabla de contenido

¡Bienvenidos al campamento espacial!

Cuando piensas en un campamento, ¿te imaginas fogatas y tiendas de campaña? Ese es un tipo de campamento. Pero existe otro tipo de campamento: ¡el campamento espacial! Un científico llamado Wernher von Braun vio que existían campamentos temáticos sobre música y fútbol americano, y campamentos de porristas. Entonces, se preguntó por qué no había campamentos de ciencias. Quería que los niños tuvieran la posibilidad de ver cómo era la vida de un **astronauta**.

◄ Niños prueban un cohete en el campamento.

▲ niño estudiando el sistema solar

U.S. Space and Rocket Center

El U.S. Space and Rocket Center es un museo espacial ubicado en Huntsville, Alabama. Personas de todo el mundo visitan el museo para aprender acerca de la exploración espacial y ver el cohete lunar restaurado, *Saturno V*.

Su sueño se hizo realidad en 1982. Fue en ese año que se inauguró el primer campamento espacial en Huntsville, Alabama. Ahora hay campamentos espaciales en muchas ciudades. Muchos museos y **planetarios** también ofrecen campamentos espaciales.

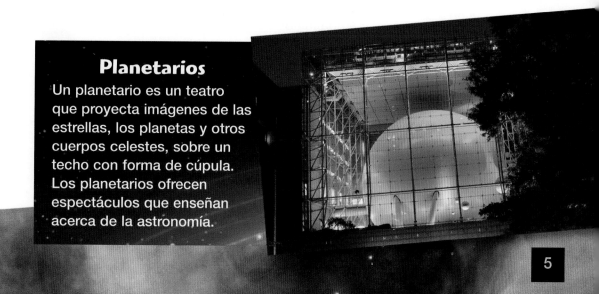

Planetarios

Un planetario es un teatro que proyecta imágenes de las estrellas, los planetas y otros cuerpos celestes, sobre un techo con forma de cúpula. Los planetarios ofrecen espectáculos que enseñan acerca de la astronomía.

Qué encontraremos

Los campamentos espaciales duran aproximadamente una semana. Cuando llegues, te registrarás y conocerás a los consejeros. Cada estudiante recibe una bitácora. Una bitácora es una especie de diario en la que los campistas pueden registrar todo lo que ven y hacen. Los astronautas y los pilotos también llevan bitácoras.

Programa del campamento espacial

Hora	Actividad
7:00 A.M.	Despertar, desayuno y preparación para el día
8:30 A.M.	**Lanzamiento** y aterrizaje del transbordador y entrenamiento en órbita
10:30 A.M.	Sesión matutina de revisión
11:00 A.M.	Ejercicios acuáticos
1:00 P.M.	Almuerzo
1:30 P.M.	Diseña tu propia estación espacial.
2:30 P.M.	Entrenamiento en la silla de $\frac{1}{6}$ de gravedad
3:30 P.M.	Entrenamiento en la Unidad de Maniobra Tripulada (UMT)
4:00 P.M.	Diseño y lanzamiento de cohetes
5:30 P.M.	Cena
6:30 P.M.	Información sobre la misión del día siguiente
8:00 P.M.	Diseña una insignia de la misión para tu traje espacial
9:30 P.M.	Hora de dormir

BITÁCORA

Mientras estés allí, necesitarás familiarizarte con la jerga del espacio. El bebedero se llama *dispensador de H$_2$O*. El cuarto de baño se llama *gestión de desechos*. Los dormitorios son *hábitats*. Cuando llegan, los estudiantes se dirigen a sus hábitats para guardar sus pertenencias en sus *compartimientos para dormir*.

el diario de Sandra Magnus ▼ ▶

Sandra Magnus' Journal
A Typical Day

I am going to try to describe a typical day of life on the ISS. Many people have asked this question, I imagine wondering what everyday life is like in such an unusual place and environment. First and foremost I need to point out that our days, all of them, are planned by a huge, world-wide group of people on the ground. The planning for an increment (ours is Expedition 18, for example) actually starts up to a year in advance. The long term planners from every country get together and start mapping out how to fit in all of the work priorities that everyone has. These priorities can range from installing new equipment, getting certain science experiments done, getting maintenance done, spacewalks, robotics and system work that the ground does all of the time. All of the objectives have to fit together so that there is no interference and that crew the objectives have to fit together so that there is no interference and that crew ...d controller time is used efficiently. This takes a lot of work and a lot of ... I had a big picture

En su primer día, los campistas aprenden acerca de las misiones que realizarán durante el campamento. ¡Pronto sabrás todo lo que debes saber para ser un astronauta del campamento espacial!

▲ Los campistas descubren cuál será su misión.

Recorrido por el Centro Espacial

Los altísimos cohetes en el Parque de los Cohetes parecen un bosque de brillantes árboles blancos que alcanzan gran altura. Algunos de ellos son cohetes verdaderos que volaron en el espacio. Otros son réplicas. Todos parecen reales. También hay muchos aviones en exhibición, ya que los astronautas también son pilotos. Puedes ver un *F-16 Fighting Falcon* o un *MiG-15*. Como campista, participarás en una búsqueda del tesoro por el parque para hallar los diferentes cohetes y aviones.

▲ El Parque de los Cohetes tiene que ser grande. ¡Estos cohetes ocupan mucho espacio!

Dentro del Centro Espacial, exhibiciones y películas muestran la historia de los viajes espaciales. El *Saturno V* pende sobre el suelo. Los visitantes pueden caminar por debajo y ver como funcionan todas sus partes. El *Saturno V* tiene la altura de un edificio de 36 pisos.

Saturno V ▶

▲ la base del *Saturno V*

el motor del
Saturno V ▶

¡Arriba, arriba y fuera!

A veces, se realizan exhibiciones especiales en el Centro Espacial. Pueden mostrarse naves espaciales de películas de ciencia ficción. Los campistas estudian estas naves espaciales reales y de ficción. Allí, obtendrás ideas para diseñar tu propia nave espacial.

Simuladores

El campamento espacial alberga sorprendentes **simuladores**. Estas máquinas hacen que las personas se sientan como si estuvieran en el espacio sin dejar la Tierra. Puedes ver cómo se siente un despegue real. Puedes sentir cómo tu estómago se aplana por la **fuerza de gravedad**. Los astronautas entrenan con simuladores todos los días para acostumbrarse a la velocidad de los viajes espaciales.

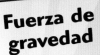

Fuerza de gravedad

La fuerza de gravedad (o "fuerza G") es una medida de la gravedad. Una "G" equivale a la sensación de gravedad en la Tierra. Dos G es dos veces la gravedad en la Tierra.

▲ astronautas en un simulador

▼ un estudiante en un simulador de vuelo

¿Has visto fotografías de astronautas con el almuerzo flotando alrededor de ellos? En el espacio no hay **gravedad** para que un sándwich tenga peso, de manera que flota. Los campistas prueban un simulador que les permite caminar en cualquier dirección, ¡incluso cabeza abajo! Los astronautas también se entrenan bajo el agua. Es la forma más sencilla de sentir ingravidez estando en la Tierra.

▼ entrenamiento para el espacio

La gravedad

La gravedad es una fuerza que mantiene a los objetos sobre el suelo. Si no hubiera gravedad en la Tierra, nos iríamos flotando. En el espacio, la gravedad es mucho menor que en la Tierra. Por eso ves a los astronautas flotando en el transbordador espacial.

Los campistas sienten cómo es dar volteretas en el espacio en la **silla de 5 grados de libertad**. Se mueve hacia delante, hacia atrás y de un lado a otro. Los astronautas practican movimientos en la silla. Esto los ayuda a aprender a controlar sus movimientos en el espacio.

◀ silla de 5 grados de libertad

La velocidad del transbordador espacial

Le toma 6 minutos a un transbordador espacial para ir de 0 a 17,000 millas por hora. Mientras orbita la Tierra, el transbordador espacial viaja a 17,500 millas por hora. Cuando es el momento de volver a casa, el transbordador ingresa en la atmósfera a 16,700 millas por hora. Después de ingresar en la atmósfera, el transbordador desacelera y aterriza a una velocidad de entre 200 y 230 millas por hora.

La **silla de $\frac{1}{6}$ de gravedad** permite a las personas sentir cómo es caminar sobre la Luna. La atracción de la gravedad en la Luna es $\frac{1}{6}$ de la atracción de la gravedad en la Tierra. Esto significa que, si pesas 100 libras en la Tierra, ¡sólo pesarías 17 libras en la Luna!

▲ en la silla de $\frac{1}{6}$ de gravedad

◀ huella de un pie sobre la Luna

En el espacio, los astronautas usan la **Unidad de Maniobra Tripulada (UMT)**. Esta unidad es como una mochila de propulsión a chorro. Permite a los astronautas moverse en el espacio sin estar sujetos al transbordador.

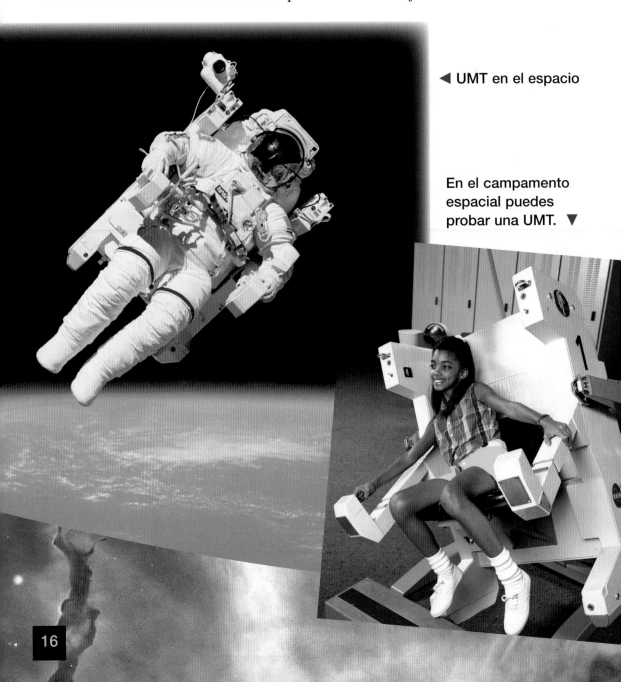

◀ UMT en el espacio

En el campamento espacial puedes probar una UMT. ▼

Manos a la obra

En el espacio, los astronautas deben confiar unos en otros. Eso es lo que hacen los buenos compañeros de equipo. Los campistas también practican el trabajo en conjunto.

▲ la Estación Espacial Internacional

Misión espacial

La Estación Espacial Internacional (EEI) se lanzó el 23 de noviembre de 2002 desde el Centro Espacial Kennedy en Florida. Se necesitaron muchos viajes, durante muchos años, para completar la estación. Cada tripulación que visita la estación espacial agrega algo nuevo. La estación espacial está en permanente crecimiento.

En el campamento espacial, trabajarás en equipo para construir pequeños cohetes. Todos trabajan juntos para que sean sólidos. Estos cohetes tienen pequeños pasajeros: ¡insectos! Grillos, abejas y otros insectos hacen de astronautas. Los campistas desean mantener a salvo a estos seres vivos. Los comandantes en el control de la misión quieren que las personas estén a salvo cuando viajan al espacio.

Control de la misión

El control de la misión controla las misiones del transbordador espacial desde el lanzamiento hasta el aterrizaje. Muchas personas trabajan juntas en el control de la misión para asegurar que el transbordador espacial funcione correctamente.

Los campistas también realizan experimentos en conjunto. El líder de tu equipo puede pedirles que usen la **robótica**. ¿Puedes trabajar con tu equipo para diseñar un robot que pueda viajar a Marte? En sus marcas, listos, ¡fuera!

▼ Los campistas trabajan juntos
para construir un robot.

Robótica

Los robots se usan de muchas maneras diferentes. En el espacio, los robots se pueden utilizar para mover objetos muy pesados o para explorar planetas que los seres humanos no pueden visitar. Se están desarrollando nuevos robots para ayudar a los astronautas a aprender más acerca de las profundidades del espacio.

Los astronautas deben estar en forma. Se requieren 2 horas de ejercicio en el espacio para igualar 20 minutos en la Tierra. Los campistas ponen a prueba su fortaleza trepando un muro de roca o corriendo el circuito de cuerdas.

estación espacial *Mir* ▶

Los campistas dedican gran parte de la semana para aprender las mismas habilidades que los astronautas. No obstante, los astronautas se entrenan durante varios meses para realizar una sola tarea. Incluso acciones tan simples como utilizar un destornillador requieren práctica. Los astronautas deben aprender a trabajar usando trajes, cascos y guantes muy pesados.

Entrenamiento en el agua

¿Por qué los astronautas se entrenan bajo el agua? Cuando estás en el agua, puedes sentir como si flotaras. Los objetos pesados se sienten muy livianos en el agua. Esto es similar a lo que se siente en el espacio.

La misión

Tuviste toda una semana de entrenamiento. Es la hora de ponerte el traje de vuelo. ¡Llegó el momento de tu misión! Algunos campistas se asignarán al equipo de tierra. Otros serán parte de la tripulación de vuelo. Pero todos trabajarán juntos.

◀ La especialista de misión Kathryn D. Sullivan posa para una fotografía antes de ponerse su traje espacial.

Subsistema primario de soporte vital (SPSV)

Los astronautas visten trajes espaciales para estar protegidos cuando están en el espacio y durante las caminatas espaciales. Estos pesan alrededor de 300 libras, y lleva unos 45 minutos colocárselos. Los trajes espaciales tienen muchas partes diferentes. Una parte muy importante del traje espacial es el subsistema primario de soporte vital (SPSV), que proporciona a los astronautas muchas de las cosas que necesitan para sobrevivir en el espacio, como agua y oxígeno.

En el control de la misión, el equipo hace la cuenta regresiva para el despegue. Las pantallas muestran todo como si realmente estuviera ocurriendo afuera. Se colocan los auriculares y comienzan a conversar con el **orbitador**. Los propulsores del cohete se van a **encender** con un rugido. ¡Estamos prontos a despegar!

+00 00 08

▲ T menos
8 segundos

La cuenta regresiva del lanzamiento

El transbordador espacial despega a T menos 0 minutos y se dirige al espacio. La cuenta regresiva para el lanzamiento comienza a T menos 43 horas. 43 horas antes de que un transbordador despegue, el control de la misión realiza cientos de pruebas para asegurarse de que el transbordador funcione correctamente. Durante la cuenta regresiva, puedes escuchar al director de la prueba decir "en espera". Esto pausa la cuenta regresiva. Una espera permite que la cuenta regresiva se mantenga de acuerdo con el programa si una prueba lleva más tiempo de lo esperado.

Es el momento de empezar a trabajar. Los astronautas del campamento espacial trabajan juntos para cambiar **paneles solares** y reabastecer un tanque de combustible. Otros encienden los telescopios. Estos aparatos toman fotografías de los planetas.

◀ Un niño observa a través de un telescopio.

¡De pronto, tu pantalla destella en rojo! Se desprendió una manguera de combustible. ¿Tendrás suficiente combustible para aterrizar? ¿Deberás **abortar** la misión? Debes pensar rápidamente para traer a tu tripulación de regreso a salvo. Esta semana en el campamento espacial aprendiste qué debes hacer. Si trabajan juntos, ¡el equipo es exitoso!

▲ la tripulación del *Apolo 13*

Aborten la misión

"Houston, tenemos un problema". Las misiones se abortan por diferentes razones. El control de la misión puede abortar una misión si el motor no funciona correctamente o si hay una fuga en la cabina. La misión abortada más famosa fue la del *Apolo 13*. Explotó un tanque de oxígeno y provocó una pérdida de agua y un corte de electricidad. Afortunadamente, los astronautas regresaron a sus hogares a salvo.

Vivir en el espacio

La Estación Espacial Internacional permite a las personas vivir y trabajar en el espacio durante períodos de seis meses. Dentro de la estación hay habitaciones llamadas módulos. Algunas habitaciones son para que trabajen los científicos. Otras son para dormir o para comer.

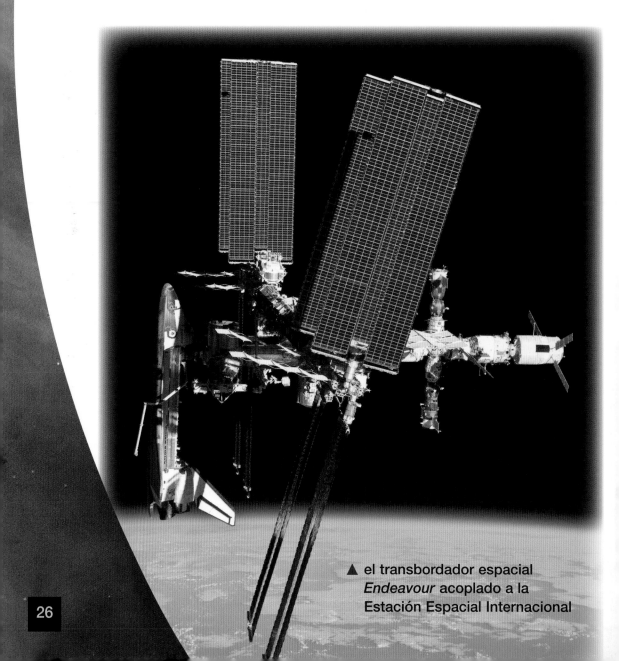

▲ el transbordador espacial *Endeavour* acoplado a la Estación Espacial Internacional

Cada área tiene un saco de dormir que se engancha en la pared. En el espacio no hay arriba y abajo, de manera que no importa dónde duermes. Los campistas pueden ver cómo es vivir en el espacio cuando visitan el modelo de la estación espacial.

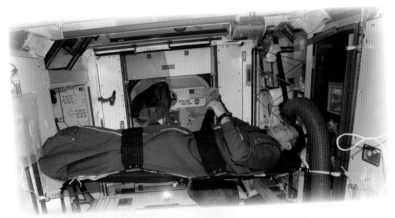

◄ Un astronauta descansa en su saco de dormir a bordo de la Estación Espacial Internacional.

▼ Unos astronautas comen arroz en el transbordador espacial *Discovery*.

Comida espacial

Los campistas toman el desayuno, el almuerzo y la cena igual que los astronautas. En el espacio, la mayoría de la comida debe estar empacada de una manera especial. A algunos alimentos, los astronautas les agregan agua para comerlos. No hay refrigeradores en un transbordador espacial, por lo que no se llevan al espacio alimentos que requieren frío.

Es posible que en el futuro las personas puedan vivir en la Luna. Al principio, será muy difícil. Será necesario trabajar muchísimo para sobrevivir. Para ver cómo sería algo así, los campistas montan tiendas de campaña y duermen afuera. En muchos sentidos, el campamento espacial se parece a un campamento al aire libre.

▼ cuarto de hotel espacial del futuro

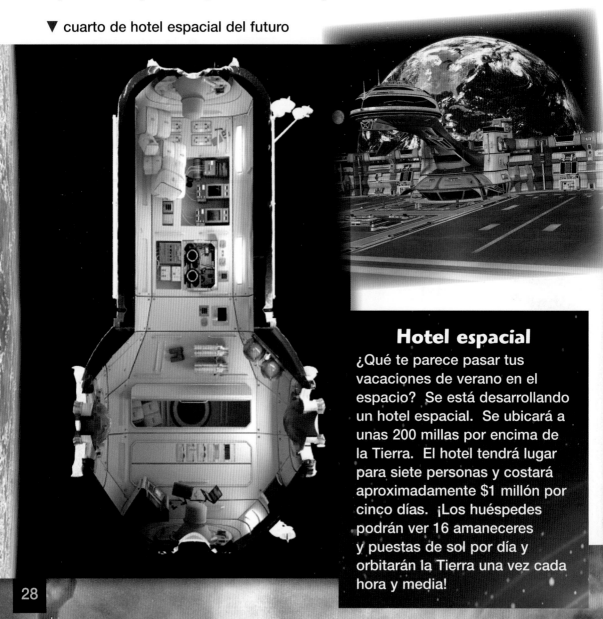

Hotel espacial

¿Qué te parece pasar tus vacaciones de verano en el espacio? Se está desarrollando un hotel espacial. Se ubicará a unas 200 millas por encima de la Tierra. El hotel tendrá lugar para siete personas y costará aproximadamente $1 millón por cinco días. ¡Los huéspedes podrán ver 16 amaneceres y puestas de sol por día y orbitarán la Tierra una vez cada hora y media!

Al finalizar el campamento espacial, los campistas se dan un apretón de manos con un astronauta. El astronauta les dice a los campistas que estudien ciencias y que tengan grandes sueños. Hace unos años, esta persona era un estudiante, igual que tú. ¡Tal vez tú también explores el espacio algún día!

▲ Unos niños se encuentran con el astronauta Leland Melvin.

Pilotos espaciales

Para ser astronauta, primero debes entrenarte para ser piloto de un avión a reacción. Los primeros astronautas de la NASA eran pilotos de reactores militares. Se les llamó "los primeros siete".

Glosario

abortar—abandonar

astronauta—una persona cuyo trabajo es pilotear una nave espacial o dirigir o ayudar en su pilotado

encender—prender fuego a algo

F-16 Fighting Falcon—un avión de combate a reacción estadounidense producido en 1976

fuerza de gravedad—una medida de la gravedad

gravedad—una fuerza natural que hace que los objetos se vean atraídos unos a otros

lanzamiento—poner un vehículo en movimiento

MiG-15—un reactor de combate usado por la URSS en 1949

orbitador—un elemento diseñado para orbitar un objeto en el espacio

paneles solares—un grupo de celdillas solares sobre paneles planos que se utilizan para generar electricidad

planetarios—unos teatros en los que se proyectan imágenes de estrellas y planetas sobre un techo curvo

robótica—uso de los robots en diferentes situaciones

silla de $\frac{1}{6}$ de gravedad—una silla que permite sentir la gravedad como en la Luna

silla de 5 grados de libertad—una silla que se mueve en distintas direcciones para que los astronautas aprendan a controlar sus movimientos

simuladores—unos sistemas o programas que recrean una tarea o experiencia

Unidad de Maniobra Tripulada (UMT)—una mochila para los astronautas que funciona por propulsión a chorro

Índice

Acerca de la autora

Hillary Wolfe ha sido escritora la mayor parte de su vida adulta. También ejerció durante siete años como maestra, con alumnos desde jardín de niños hasta secundaria, como maestra de lengua y coach de escritura.

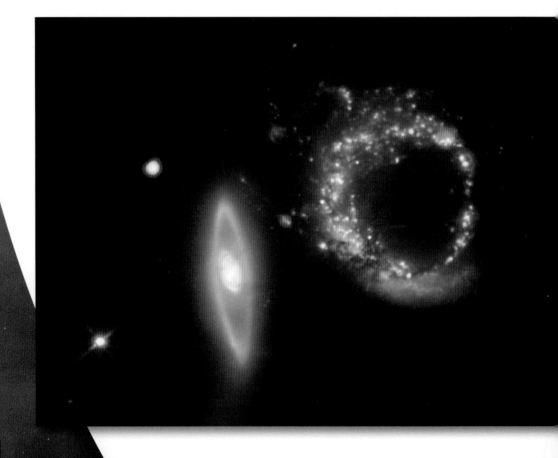